冷凍生地で
焼きたてパン

高橋雅子

冷凍パン生地とは?

小分けにして冷凍庫に入れておき、
食べたいときに解凍して
オーブンで焼く。
ひとつからでも、いつでも手軽に
焼きたてを食べられる。
それが "冷凍生地で作るパン" です。

時間に追われない

パン生地は、週末など時間のあるときに
作りおきして冷凍。食べるときには、食事の準備と
並行して、丸めたり焼いたりしてください。
一次発酵、ベンチタイム、二次発酵……。
待ち時間が何かと多く、しかも作業は
できるだけ手早く、が鉄則のパン作り。
でも、冷凍パン生地さえあれば、
パン作りが一日仕事になることはありません。

ひとつの生地からアレンジ自在

この本でご紹介する生地は、
ふんわりパン、カンパーニュ、
ベーグル、クロワッサン、
フォカッチャの5種類。
解凍した生地に
好みの具を包んだり
混ぜ込んだりすることで、
レシピが幾通りにも広がります。

いつでも焼きたて

小さなパン生地を解凍して、
オーブンで焼くだけ。
フライパンやトースターで焼くこともできるから、
忙しい朝にも大助かり。
小分けした冷凍ごはんを温め直すような気分で、
そのときに食べる分だけのパンを焼きましょう。
オーブンから出したてのアツアツを、
その香りごと、ぜひ味わってください。

はじめに

Introduction

働く母となって、十数年。毎日、ほんとうに忙しいです。
わたしに限ったことでも、仕事をもつ人やお母さんに限ったことでもなく、
現代では、どんな人もさまざまな事情と理由があり、忙しいものですよね。

それでも、日々家族が食べるものは手作りしたいと思ってきました。
息子が小さい頃から、無理なく手料理ができるように、
いろいろと工夫を重ねてきました。

最近、お料理を週末に作りおきして、
日々の食事に活用する方が増えているようです。
わたしも、作りおき経験が長くなり、
週末に何を作って冷凍・冷蔵しておくと便利なのかが身についてきました。
近頃は随分、要領よく日々の食事作りをこなせていると思います。

そんなわたしが長年助けられてきたのが、
作りおきした冷凍生地からパンを焼く方法。
もしかすると、忙しい毎日をおくる方に役立ててもらえるかもしれない、
そんな風に思うようになりました。
1〜2週間に一度、まとめて生地を作っておけば、
毎日ごはんを炊くように、焼きたてのパンが食べられます。
作り方はとても簡単。そして、
冷凍しておいた生地はしっとりとして、ほんとうにおいしいのです。

朝でも昼でも夜でも。思いのままに焼きたてパンを食べてください。

高橋雅子

CONTENTS

パン作りの
流れ

―

Flow of making bread

―

パン作りには、通常の料理とは違う
時間の流れが存在します。
冷凍パン生地の場合は、
その工程の途中に、さらに
「冷凍」と「解凍」が入ります。
まずは、パン作りに必要なステップを知り、
何度か繰り返して作ることで、
身につけていってください。
計量は正確に。
作業をするときはできるだけ手早く。
そして、待ち時間と温度は
きちんと管理し、はしょらない。
この3つを守れば、
パン作りは難しくありません。

STEP 1

パン生地を作る

材料をそろえて、正しく計量します。液体は、計
量カップでは誤差が生じるので、デジタルスケー
ルを使います。インスタントドライイーストは、
小さじ½という少量です。専用の計量スプーン
を使うと、レシピの再現性がぐっと高まります。
材料を順にボウルに入れて混ぜ、台に取り出して
こねていきます。混ぜてこねる作業には、ホーム
ベーカリーを使うこともできます（P.11参照）。

STEP 2

一次発酵

ボウルに入れ、乾燥しないようにラップをかけます。イーストが活発に働く30℃くらいの温かい場所においておくと、生地がフワッとふくらんでいきます。同時に熟成も進み、生地のうま味成分が引き出されていきます。

STEP 3

冷凍・解凍

冷凍　通常のパン作りの場合は、一次発酵が終了したら、具材を入れたり丸めたりして、二次発酵へと進みます。冷凍パン生地を作る場合は、一次発酵終了後の生地を必要に応じて切り分け、ラップで包みます。冷凍庫内でにおいや霜がつくことを防ぐため、冷凍保存用の袋に入れて保管するといいでしょう。

解凍　パンを焼きたいと思ったら、必要な量の生地を冷凍庫から取り出して解凍しましょう。冷蔵庫でひと晩おく、室温におく、電子レンジを使うなど、幾つかの解凍方法をご紹介しています（P.34参照）。日々の暮らしに合った方法を見つけてください。

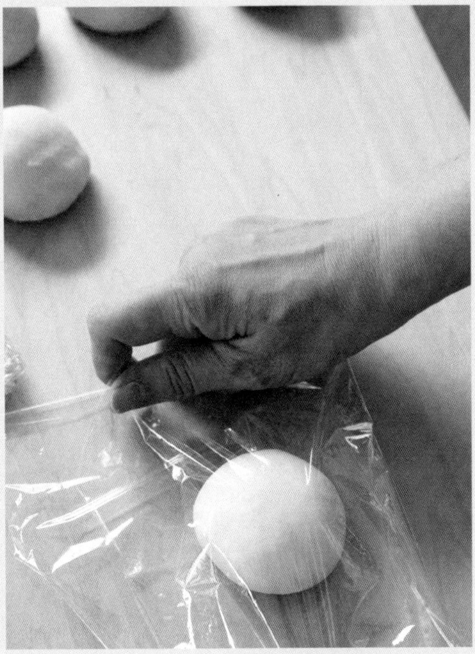

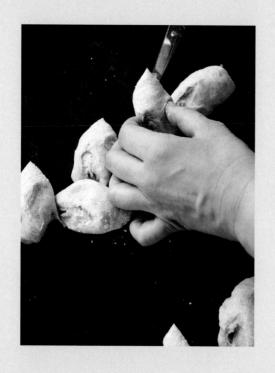

成形・最終発酵

成形 レシピに従って冷凍パン生地を丸めたり、細長くしたり、クープ（切り込み）を入れたりすることを「成形」と呼びます。パン作り初心者の方は、丸めるだけの簡単なものから徐々に複雑なものへとステップアップしていくといいでしょう。

最終発酵 パンの形を整えたら、最後の発酵を行います。生地を天板にのせたり、パンマットに並べたりして、30℃の場所に30分程度おきます。

焼成

最終発酵を終えた生地を、オーブンで焼くことを**焼成**と呼びます。この本では、より気軽に作ってもらえるように、フライパンやオーブントースターで焼くレシピも掲載しています。毎日のごはん作りのなかに、自然にパンが入っていくように、手軽でおいしい焼き方を知ってください。

この本の使い方

HOW TO READ THIS BOOK

① 各章のはじめに、基本となる生地の分量と作り方、プロセス写真を掲載しています。あとのページに続くアレンジレシピも、途中まで同じ手順となるので、基本の作り方を参照しながら作ってください。

② 一次発酵を終えた生地は、冷凍しないで、その日のうちに焼くこともできます。その場合はレシピ内の「冷凍・解凍」のプロセスを省略してください。

※ベーグルのケトリングは、解凍が不要な場合も必ず行ってください。ゆで時間は最初に40秒、裏返してから30秒が目安です。

決まりごとと注意事項

- 小さじは5㎖、大さじは15㎖です。卵はMサイズを使用しています。

- 生地を作るときの材料の温度は、室温（25℃）が基本です。夏の暑い日には冷蔵庫で少し冷やし、冬場はあらかじめ室温に出しておくと、生地作りと発酵がスムーズです。

- パン生地を混ぜる、こねる工程にホームベーカリーを使うこともできます（発酵と焼成には使用できません）。パンケースに材料を順に入れてセットしてこね始め、バターが入る場合は途中で冷たいバターを加えます。プロセス写真と同様のこね上がりになるように、様子を見て調整してください。

- 生地を作るときに水分の温度が高い場合や冷たすぎる場合、発酵がうまく進みません。夏は少し冷たくし、冬にはぬるま湯程度の温度に温めてから使いましょう。

- 冷凍したパン生地は、2週間をめどに使いきるようにしてください。

- 焼成温度と時間は、お使いのオーブンの機種によって差があります。レシピを目安に、様子を見ながら調整してください。

- オーブンに出し入れする際の庫内と天板、焼きたてのパンはたいへん高温です。やけどにはじゅうぶん注意し、必ずオーブンミトンや2枚重ねにした軍手を使用してください。

パン作りの道具

Tools for making bread

ボウルやスケールなど、家庭のキッチンにあるもので、ほとんどの作業をこなせます。
発酵の見極めが大切なので、透明の小ボウルは、できれば用意してください。

① ボウル（大）

生地を順に計量して混ぜ合わせるときには、ステンレス製の大きなボウルを使います。直径25cm以上のものが、粉が飛び散らず作業しやすいです。

② ボウル（小）

直径17cm・900mlのポリカーボネイト製ボウル（本書では「小ボウル」と呼びます）は一次発酵用。東京・合羽橋の浅井商店などで購入できます。

③ デジタルスケール

細かな計量が大切なパン作り。ボウルをのせたまま計れるデジタルスケール（2kg計）がベストです。

④ 小さじ用計量スプーン

小さじ1から小さじ1/4までを正確に計れるスプーン。インスタントドライイーストを計量するときに役立ちます。

⑤ カード

生地を混ぜ合わせる、ボウルから取り出す、分割するときなどに使用します。薄くて軽いプラスチック製が便利。

⑥ ラップまたはシャワーキャップ

一次発酵のときに、生地の乾燥を防ぐために使います。ボウルにまるごとかぶせておけるシャワーキャップも使いやすいです。

⑦ 定規

クロワッサン生地を均等に切り分けるときに使用。プラスチックまたはステンレス製で、長さ30cm以上のものを。

⑧ めん棒

生地を均一に伸ばすために使います。プラスチック製で表面に凹凸があるものが、くっつきにくくておすすめです。

⑨ パンマット

パンを分割したり、具材を混ぜ込むとき、成形するときに打ち粉をして使用します。カンパーニュ生地の布どりにも活躍します。

パンの基本材料

Basic materials for bread

① 粉

パン作りに必須の粉類。小麦粉は、タンパク質を多く含む強力粉と準強力粉をレシピによって使い分けています。カンパーニュには、全粒粉とライ麦粉も使用しています。

春よ恋
北海道産の強力粉。伸びがよく、もっちり、ふわふわとした独特の仕上がりになります。

リスドォル
北米産の準強力粉。さっくりとした食感と風味で、多くのパン屋さんで使われています。

全粒粉
小麦粉をまるごと挽いたもの。風味が強く、薄い茶色の生地に仕上がります。この本では粉タイプを使用。

ライ麦粉
ライ麦を入れると、ずっしりと目の詰まったパンになります。ライ麦をまるごと挽いた粉タイプを使用。

② インスタント ドライイースト

酵母の力でパン生地を発酵させ、ふっくらと空気を含ませる役割を担う「イースト」。最も手軽で生地の発酵管理をしやすい「インスタントドライイースト（safの赤ラベル）」を本書では使用します。

③ 糖分

砂糖、はちみつなどの甘い材料は、味つけのためだけではありません。イーストの微生物は糖分を分解して発酵していくので、糖分がない生地では発酵がうまく進まないのです。砂糖は「きび砂糖」、はちみつは「レンゲ蜂蜜」を使っています。

④ 水分

生地に入れる水は、日本の水道水（軟水）です。レシピによって、こねるときの水に牛乳が加わるものもあります。冬の時期にはぬるま湯（牛乳は人肌程度）を使用すると発酵がスムーズに進みます。

⑤ 油脂分

パンに油分を加えて、風味豊かにしてくれるのがバターやオリーブオイル。バターは食塩不使用タイプを使います。お好みで発酵バターを使ってもいいでしょう。

⑥ 塩

生地に塩味をつける、グルテンを引き締める、発酵が早く進みすぎることを防ぐなど、たくさんの働きをします。溶けやすい顆粒タイプの焼き塩を使います。

パンを焼く道具

Bread baking tools

オーブン

この本で紹介するパンは、家庭用の電気オーブンで焼いています。オーブンのメーカーと機種により焼き上がりに違いが出るため、レシピの焼成方法は目安です。ガスオーブンの場合は、電気に比べ庫内温度が高くなる傾向があります。どのレシピの場合も、予熱をしっかり行い、扉の開閉は最小限にしましょう。

トースター ／ フライパン

この本でご紹介するパンには、トースターとフライパンで焼けるレシピもあります。オーブンで焼く場合に比べてこげつきやすいので注意が必要ですが、手軽な上に短時間で焼き上がるので、忙しい朝におすすめです。トースターでの詳しい焼き方はP.79を参照してください。

ふんわり生地

Fluffy Dough

ふわふわやわらかな生地、くせのない白いパンは、
毎日の食卓で活躍する頼れる相棒。
甘いものもしょっぱいものも、お好みの具を組み合わせることで、
幾通りにもアレンジが広がります。
レシピでは基本の8個分をご紹介していますが、
あんパンを5個、カレーパンを3個、といった作り方もできます。
ひとつの生地からたくさんのパンが生まれる楽しさを、
ぜひ体験してみてください。

ふんわり丸パン

Fluffy Round Bread

材料（8個分）

強力粉（春よ恋）	250g
水	160g
インスタントドライイースト	
	小さじ½(1.5g)
きび砂糖	10g
塩	5g
バター（室温にもどす）	20g
全卵の溶き卵（仕上げ用）	各適量

01 ｜ 混ぜる

大ボウルに水→イースト→きび砂糖→強力粉→塩の順に入れ、カードを使って大きく混ぜる。※カードは丸みのある方を下にして持つ。ある程度まとまってきたら、手でひとかたまりになるようにこね、ボウルがきれいになったら台の上に取り出す。手に付いた生地は、カードでこそげ落としておく。

02 ｜ こねる

手の付け根で生地をこすり付けて伸ばし、手前にまとめる。2〜3回こねたら生地の向きを90度変え、同様にこねる。2〜3分こねたら生地をまとめ、バターをちぎりながらのせる。生地をかぶせて包み、カードで5〜6等分に切って積み重ね、さらに半分に切っては重ねる。バターが全体に散ったら、また引き伸ばしてはまとめ、2〜3分こねる。

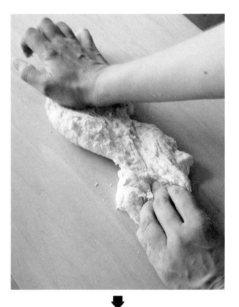

↓

03 | 一次発酵

生地にバターがなじみ、ツルッとすればこね上がり。ひとまとめにし、表面の生地を底に送るようにしながら丸め、表面を張らせる。小ボウル（容量900㎖）に入れ、ラップ（または新品のシャワーキャップ）をかける。オーブンの発酵機能などを利用し、30℃の場所に1時間おく。写真のように、生地が小ボウルの8分目までふくらんだら、一次発酵完了。

04 | 冷凍

ボウルの内側に沿ってカードを一周させ、生地を傷つけないように取り出す。重さを量って8で割り、カードで8分割して重さを等分にする。切るときはカードで上から押し切り、生地をはがす。それぞれを丸め直す。ラップを30×18cmに切る。片側に生地をおき、ラップを二つ折りにかぶせる。軽く押して平らにし、四角く整え、保存袋に入れて冷凍する。

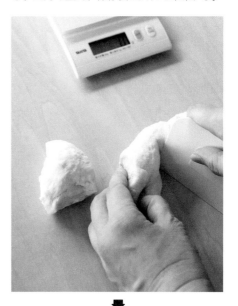

05 | 解凍

生地を必要な数だけ冷凍庫から取り出し、ラップをしたままバットなどにのせる。25℃程度の室温（またはオーブンの発酵機能を使う）に30～50分おき、自然解凍する。ラップの上から生地の中央を押してみて、芯がなくなっていればOK。※上記の解凍方法がベストですが、冷蔵庫、電子レンジでも解凍することができます。P.34参照。

06 | 成形

解凍した生地をラップから外して台におく。生地がラップから外れにくい場合はカードを使う。中心にまわりの生地を集めるようにして丸くまとめ、集まった生地を指先でつまんでとじる。とじ目を下にして手のひらにのせ、丸め直し、下に入れ込むようにして表面を張らせる。※解凍した生地は結露するので、米粉を手に付けて作業するとよい。

07 ｜ 二次発酵

丸め直したことにより気泡が抜けたパン生地を、二次発酵することによって再度ふくらませます。天板にオーブンシートを敷いて、間隔をあけて成形した生地をのせる。乾燥を防ぐために、ぬれ布巾をかける。オーブンの発酵機能などを利用して、30℃の場所に20分おく。1.5倍程度にふくらんだらOK。生地の表面に、刷毛で溶き卵を塗る。

08 ｜ 焼成

190℃に予熱したオーブンに入れ、12分ほど焼く。ふんわりとふくらみ、こんがりと焼き色がついたら焼き上がり。網に取り出し、粗熱をとる。※予熱は20分ほど前からスタートさせ、しっかり熱くしておく。生地を入れるときや、様子を見る際のオーブン扉の開閉は、最小限の時間と回数にして、庫内の温度を下げないように気をつけてください。

コッペパン

—

Coupépan

—

手になじむ大きさで、サンドウィッチにもぴったりな小さめのコッペパン。
少し昔懐かしい存在なので、コロッケや卵サラダなど、
街のパン屋さんみたいな具材をはさみたくなります。
写真では、気軽なおやつになるように、あんことバターをサンドしてみました。

材料（8個分）

強力粉（春よ恋）…………………… 250g
水 ………………………………… 160g
インスタントドライイースト
　………………………… 小さじ½（1.5g）
きび砂糖 ………………………… 10g
塩 …………………………………… 5g
バター（室温にもどす）………………… 20g
打ち粉（米粉）、全卵の溶き卵（仕上げ用）
　………………………………… 各適量

作り方

1　**生地を作る** ➡ P.18参照

2　**一次発酵** ➡ P.19参照

3　**冷凍** ➡ P.19参照

4　**解凍** ➡ P.20参照 ※生地を必要な数だけ解凍する。

5　**成形** ➡ 生地を直径8cmの円形に伸ばし（**A**）、むこう側から少しずつ巻いて棒状にし、巻き終わりをしっかりととじる（**B**）。軽く転がし、形を整えながら長さ12cmに伸ばす（**C**）。オーブンシートを敷いた天板にのせ、ぬれ布巾をかける。

6　**二次発酵** ➡ P.21参照

7　発酵の終わった生地の表面に刷毛で溶き卵を塗る。

8　**焼成** ➡ 190℃に予熱したオーブンに入れ12分焼く。焼き上がったら網に取り出す。

A

B

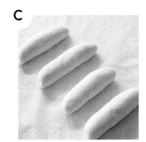
C

あんパン

Anpan

あんこぎっしり、パンはふわふわのあんパン。
おうちで作れば、パンもあんこも温かいうちにほおばることができます。
ふんわりパンの具材の包み方は、このあんパンが基本になります。
粒あんでもこしあんでも、お好みのあんこで作ってみてください。

材料（8個分）

強力粉（春よ恋）‥‥‥‥‥‥‥‥ 250g
水 ‥‥‥‥‥‥‥‥‥‥‥‥‥‥ 160g
インスタントドライイースト
‥‥‥‥‥‥‥‥‥‥ 小さじ1/2（1.5g）
きび砂糖 ‥‥‥‥‥‥‥‥‥‥‥‥ 10g
塩 ‥‥‥‥‥‥‥‥‥‥‥‥‥‥‥ 5g
バター（室温にもどす）‥‥‥‥‥‥ 20g

あんこ ‥‥‥‥‥ 冷凍生地1個につき50g
黒ごま、全卵の溶き卵（仕上げ用）
‥‥‥‥‥‥‥‥‥‥‥‥‥‥‥ 各適量

作り方

1 **生地を作る** ➡ P.18参照

2 **一次発酵** ➡ P.19参照

3 **冷凍** ➡ P.19参照

4 **解凍** ➡ P.20参照 ※生地を必要な数だけ解凍する。

5 **成形** ➡ 生地を直径10cmの円形に伸ばし、中央にボール状に丸めたあんこをのせる。まわりの生地を持ち上げてあんこを包み、しっかりととじる（**A**）。とじ目を下にしておき、手で軽くつぶす。

6 **二次発酵** ➡ P.21参照

7 発酵の終わった生地の表面に刷毛で溶き卵を塗る。細いめん棒（直径2cm）の先端に水を付け、そのまま黒ごまを付けて生地の中央に押し付ける（**B**）。天板に付くまで押し込んで外す。

8 **焼成** ➡ P.21参照

A

B

イングリッシュマフィン

English Muffin

サクッとした表面の食感ともっちりした中身の味わいが魅力です。
フライパンで短時間で焼くことで水分を保ち、香ばしくてしっとりした焼き上がりに。
野菜とハムをはさんでサンドウィッチにしたり、クリームチーズとジャムを塗ったり。
朝食のパンとして、活躍してくれます。

材料（8個分）

強力粉（春よ恋）	250g
水	160g
インスタントドライイースト	小さじ1/2（1.5g）
きび砂糖	10g
塩	5g
バター	20g
米粉（仕上げ用）	適量

作り方

1 **生地を作る** ➡ P.18参照

2 **一次発酵** ➡ P.19参照

3 **冷凍** ➡ P.19参照

4 **解凍** ➡ P.20参照 ※生地を必要な数だけ解凍する。

5 **成形** ➡ P.20参照

6 **二次発酵** ➡ P.21参照

7 **焼成** ➡ 生地の表面に、茶こしでたっぷりと米粉をふる。
とじ目を下にして、油をひいていない冷たいフライパン
に並べる。弱火にかけ、ふたをして7分焼く。裏返し、
再びふたをして5分焼く（A）。

A

フライパンで作る
おやき

Oyaki

あんパンの具の包み方と、イングリッシュマフィンの
焼き方を応用します。フィリングは自由に遊べます。
キーマカレーやひじき煮、切り干し大根など、
冷蔵庫にある常備菜でも、ぜひ挑戦してみてください。

材料（8個分）

強力粉（春よ恋）................................ 250g
水 160g
インスタントドライイースト
.... 小さじ1/2 （1.5g）
きび砂糖 10g
塩 5g
バター（室温にもどす）..................... 20g
打ち粉（米粉）、溶き卵 .... 各適量

かぼちゃのフィリング（4個分）

かぼちゃ（皮と種を取った正味）...... 150g
レーズン 15g
ラム酒 小さじ1

お豆のフィリング（2個分）

ミックスビーンズ（ドライパック）
.... 50g
ツナ缶（水・油を切った正味）............. 25g
パセリ（みじん切り）.................. 小さじ1
バルサミコ酢 小さじ1/2
塩、こしょう .... 各少々

作り方

1　**生地を作る** ➡ P.18参照

2　**一次発酵** ➡ P.19参照

3　**冷凍** ➡ P.19参照

4　**解凍** ➡ P.20参照 ※生地を必要な数だけ解凍する。

5　**フィリング作り** ➡ かぼちゃのフィリングは、かぼちゃの皮をむき、適当な大きさに切る。やわらかくなるまでゆでてざるにあげ、ボウルに入れてつぶす。レーズンとラム酒を混ぜる。

　お豆のフィリングは、材料すべてを混ぜ合わせる。

6　**成形** ➡ 生地を直径10cmの円形に伸ばし、中央にフィリングをのせる。まわりの生地を持ち上げて包み（**A**）、しっかりととじる。とじ目を下にして上から押さえ3cm厚さにする。※生地の上にパンマットをかけ、その上から押さえるとつぶしやすい。

7　**二次発酵** ➡ P.21参照

8　**焼成** ➡ 生地の表面に茶こしでたっぷりと米粉をふる。とじ目を下にして、油をひいていない冷たいフライパンに並べる。ふたをして弱火で6分焼く。ひっくり返し、再びふたをして4分焼く（**B**）。

A

B

カレーパン

Curry Bread

オーブンなしで作れる、揚げパンです。
漂うスパイスの香りと、黄金色の仕上がりに引き寄せられそう。
中のカレーに水分が多いとべたっとしてしまうので、
カレーの水気をしっかり飛ばすことを忘れずに。

材料（8個分）

強力粉（春よ恋）·······················	250g
水 ·······································	160g
インストントドライイースト	
······························· 小さじ¹⁄₂	(1.5g)
きび砂糖 ·····························	10g
塩 ·······································	5g
バター ·································	20g

ごぼうとなすのキーマカレー	
（下記参照）········ 冷凍生地1個につき30g	
溶き卵、パン粉、揚げ油 ·········· 各適量	

作り方

1 **生地を作る** ➡ P.18参照

2 **一次発酵** ➡ P.19参照

3 **冷凍** ➡ P.19参照

4 **解凍** ➡ P.20参照 ※生地を必要な数だけ解凍する。

5 **成形** ➡ 生地を直径11cmの円形に伸ばし、中央より手前半分にカレーをこんもりとのせる（**A**）。むこう側から生地をかぶせて半月形にし、指で押し付けてしっかりととじる（**B**）。溶き卵→パン粉の順に衣を付ける。

6 **二次発酵** ➡ P.21参照

7 **焼成** ➡ 180℃に熱した揚げ油で揚げる（**C**）。2分たったら裏返して、さらに1分揚げる。

A 　　**B** 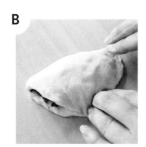　　**C**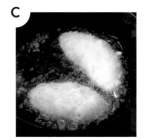

ごぼうとなすのキーマカレー

材料（作りやすい分量）

合い挽き肉 ···························	150g
にんにく（みじん切り）··············	1片分
ごぼう（太めのささがき）···········	20cm
なす（薄めの半月切り）·············	1本分
オリーブオイル ·····················	大さじ2
カレー粉 ·····························	小さじ2
クミンシード ·························	小さじ¹⁄₂
ナンプラー ···························	大さじ1
砂糖 ···································	小さじ1

作り方

1 フライパンにオリーブオイルとにんにくを入れて火にかけ、香りがたったら合い挽き肉を入れて炒める。パラパラになったらごぼうとなすを加え、火が通るまで炒める。

2 野菜に火が通ったら調味料を加え、水分がほとんどなくなり全体がなじむまでしっかり炒める。

3 バットなどにあけて冷ます。

ハムロール

Hamroll

街のパン屋さんで見かけるような、ハムとマヨネーズ入りのおかずパン。

大人も子どももつい手が伸びる、ほっとする組み合わせ。

お好みで粒マスタードを加えても、風味がアップします。

ハムをくるくると巻き込んでから切り開く成形方法で、具が均一に入ります。

材料（8個分）

強力粉（春よ恋）················ 250g
水 ································ 160g
インスタントドライイースト
  ···················· 小さじ1/2（1.5g）
きび砂糖 ························· 10g
塩 ································· 5g
バター ···························· 20g

ハム（薄切り）
  ···················· 冷凍生地1個につき1枚
マヨネーズ ······················· 適量
粗びき黒こしょう ················· 適量

作り方

1 **生地を作る** ➡ P.18参照

2 **一次発酵** ➡ P.19参照

3 **冷凍** ➡ P.19参照

4 **解凍** ➡ P.20参照 ※生地を必要な数だけ解凍する。

5 **成形** ➡ 生地をハムよりひとまわり大きく手で伸ばし（**A**）、ハムをのせる。むこう側からくるくると巻き、巻き終わりをしっかりととじる。とじ目を内側にして半分に折り（**B**）、輪になった方に重ねた上から切り込みを入れる。輪になっていない方は1/3を切らずに残し、切り目を広げておく。

6 **二次発酵** ➡ P.21参照

7 **焼成** ➡ 二次発酵が終わった生地にマヨネーズを塗り、黒こしょうをふる。200℃に予熱したオーブンで12分焼く。

A

B

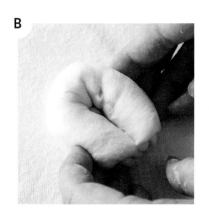

冷凍生地の解凍方法
—

この本に登場するパン生地の解凍方法は、何通りかあります（残念ながらベーグルの解凍は、ゆでる以外ではできません）。
それぞれの作り方のページには、いちばん適切だと思う手順を記載しましたが、時間があるとき、ないとき、それぞれに適した方法があるので、役立ててください。どの方法でも、解凍の見極め方は簡単。生地をラップの上から押してみて芯がなくなっていれば、冷たくてもOKです。

Ⓐ 電子レンジ＋室温

解凍時間を短縮できますが、電子レンジの機種による違いが大きく、微調整が必要。必ず200W以下の出力で使用してください。
6〜8分割した生地1個につき、100〜200Wで1分加熱。そのあと室温（25℃）に20分おく。

※レンジ庫内にはお皿などをおかず、ラップのまま直接おきます。
※個数を増やす際は、1個につきプラス30秒が目安です（3個の場合は、1分＋30秒＋30秒で合計2分が目安になります）。
※クロワッサン生地、ベーグル生地、2分割した大きい生地にはこの方法は使えません。

Ⓑ 室温

失敗知らずでおすすめです。冷凍生地をラップで包んだままバットにのせ、室内に放置またはオーブンの発酵機能を使います。

[目安の時間]

20℃ … 50分   30℃ … 30分
25℃ … 40分

※クロワッサンはバターが溶け出すので、28℃以下で解凍してください。

Ⓒ 冷蔵庫

朝パンを焼きたいときは、前日の夜に冷蔵庫に入れて解凍しておくと便利です。
冷凍生地をラップで包んだままバットにのせ、冷蔵庫に入れます。
冷蔵庫に入れてから12時間以内には使いましょう。
カンパーニュやクロワッサン生地を伸ばさずに冷凍した場合は、この方法が安心です。

Ⓓ 電子レンジのオート解凍機能

刺し身や肉などのオート解凍モードで上手に解凍できる場合もあります。
使用する際はお使いの機種の取扱説明に従ってください。

メロンパン

Melonpan

メロンが入っていないのに、メロンパン。

由来は諸説あり、クッキー生地の模様がマスクメロンの網目のようだから、とも。

クッキー生地は、レモン風味とくるみメイプルの2種をご紹介します。

こちらも冷凍可能なので、パン生地とセットで冷凍庫に入れておくと便利です。

メロンパン

材料（8個分）

強力粉（春よ恋）·································· 250g
水 ·· 160g
インスタントドライイースト
·························· 小さじ½（1.5g）
きび砂糖 ······································ 10g
塩 ··· 5g
バター ·· 20g

クッキー生地（作り方は右記参照）··· 適量

作り方

1 **生地を作る** ➡ P.18参照

2 **一次発酵** ➡ P.19参照

3 **冷凍** ➡ P.19参照

4 **解凍** ➡ P.20参照 ※生地を必要な数だけ解凍する。

5 **成形** ➡ 生地を丸め直す（P.20参照）。クッキー生地のラップ
を片側だけ外し、生地のとじ目を上にしてのせる（**A**）。
そのままひっくり返し、クッキー生地で包みながらラッ
プを外す。グラニュー糖（またはメイプルシュガー）の入っ
た器に生地の部分を持って逆さまに入れ、クッキー生地
にたっぷりとまぶす。カードを使って格子状に模様をつ
ける（**B**）。

6 **二次発酵** ➡ P.21参照

7 **焼成** ➡ P.21参照

A

B

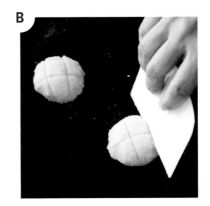

メロンパンのクッキー生地2種

材料（8個分）

メロンパンのクッキー生地
（作りやすい分量）

バター ………………………………	30g
グラニュー糖 ……………………	30g
全卵（溶く）………………………	30g
薄力粉 ……………………………	60g
ベーキングパウダー ……………	1g
レモンの皮（すりおろす）………	1/2個分
仕上げ用グラニュー糖 …………	適量

くるみメイプルのクッキー生地
（作りやすい分量）

バター ………………………………	30g
メイプルシュガー ………………	30g
全卵（溶く）………………………	30g
薄力粉 ……………………………	60g
ベーキングパウダー ……………	1g
くるみ（みじん切り）……………	10g
仕上げ用メイプルシュガー ………	適量

作り方（2種類に共通）

1　バターを室温にもどし、泡立て器でやわらかく練る。グラニュー糖（またはメイプルシュガー）を2〜3回に分けて加え、その都度よく混ぜる。溶き卵も2〜3回に分けて加え、分離しないようによく混ぜる。レモンの皮（またはくるみ）を加えサッと混ぜる。薄力粉とベーキングパウダーをふるいながら加え、ゴムべらで粉気がなくなるまでさっくりと混ぜる（A）。

2　でき上がった生地を8等分し、手粉（薄力粉）を付けながら丸める。

3　ラップを20×20cmに広げて2をのせ、上からも同サイズのラップをかぶせる。このときに90度まわして角が重ならないようにかけると、あとではがしやすい。手のひらでクッキー生地を押し、薄い丸形に整える（B）。

4　保存袋に入れ、冷蔵庫で冷やす（または冷凍する）。

A

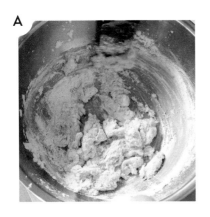

B

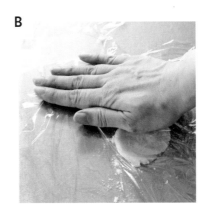

シナモンロール

Cinnamon roll

シナモンシュガーをたっぷりと巻き込んで作ります。

オーブンで焼いている最中から、独特のあまい香りが漂い、幸せな気分に。

仕上げのフロスティングはぜひたっぷりと。

パンがほんのり温かいうちにかけて、半分とろけたところをどうぞ。

材料（8個分）

強力粉（春よ恋）·········· 250g
水 ·········· 160g
インストントドライイースト
·········· 小さじ½（1.5g）
きび砂糖 ·········· 10g
塩 ·········· 5g
バター（室温にもどす）·········· 20g

シナモンシュガー（作りやすい分量）

グラニュー糖 ·········· 小さじ1
シナモンパウダー ·········· 小さじ¼

フロスティング（作りやすい分量）

粉糖 ·········· 20g
バター ·········· 20g
サワークリーム ·········· 30g

作り方

1 **生地を作る** ➡ P.18参照

2 **一次発酵** ➡ P.19参照

3 **冷凍** ➡ P.19参照

4 **解凍** ➡ P.20参照 ※生地を必要な数だけ解凍する。

5 **成形** ➡ 生地を台におき、手で押さえてひとまわり大きな長方形に整える（**A**）。シナモンシュガーの材料を混ぜ合わせ、小さじ½を全体にふる。生地のむこう側からくるくると巻き、巻き終わりをしっかりととじる。長さを3等分に切り（**B**）、切り口を上にして、オーブンシートを敷いた天板に並べる。

6 **二次発酵** ➡ P.21参照

7 **焼成** ➡ P.21参照

A

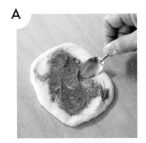

B

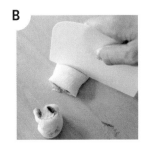

カンパーニュ生地

—

Country Bread Dough

—

カンパーニュはフランス語で「田舎風」を意味します。
ライ麦粉を加え、天然酵母で時間をかけて
発酵させるのが伝統製法。
ここでは、家庭で作りやすいようにイーストを使い、
小さめのパンに仕上げました。
ライ麦粉と全粒粉を加えた滋味深い味わいの生地と、
歯ごたえのある皮は、食事やワインのお供にもぴったり。
少し複雑な成形方法も登場しますが、
ぜひ、楽しみながら作ってみてください。

カンパーニュ

Campagne

材料（8個分）

準強力粉（リスドォル）································ 200g

全粒粉 ·· 25g

ライ麦粉 ·· 25g

水 ·· 165g

インスタントドライイースト

···························· 小さじ½（1.5g）

きび砂糖 ··· 6g

塩 ·· 5g

バター（室温にもどす）····························· 6g

米粉 ·· 適量

コツとポイント

- ○「こねすぎない」ことが生地作り
  のコツ。生地がつるんとするまで
  こねてしまうと、ふんわりとやわ
  らかなパンに仕上がります。ずっ
  しり感を出し、粉の風味を生かす
  ためには、生地にべたべた感が残
  る程度でこねることをやめて、一
  次発酵に進みます。
- ○カンパーニュは、こね上がりの生
  地を2分割して大きめのパンを焼
  くのにも向いています。冷凍から
  焼成までは、2種類のプロセスを
  お見せします。

---

01 │ 混ぜる／こねる

大ボウルに水→インスタントドライイースト
→きび砂糖→準強力粉、全粒粉、ライ麦粉→
バター→塩の順に入れ、カードを使って大き
く混ぜる。ある程度まとまってきたら手でひ
とかたまりになるようにこね、ボウルがきれ
いになったら台に取り出す。このとき、手に
付いた生地は、カードでこそげ落としておく
とそのあとの作業がしやすい。手の付け根で
生地を台にこすり付けて伸ばし、手前に引き
寄せてまとめる。2〜3回こねたら生地の向
きを90度変え、同様にこねる。

⬇

02 ｜ 一次発酵

3分ほどこねて生地のダマになった部分がなくなり、全体がまとまればこね上がり。生地をざっとまとめて小ボウル（容量900㎖）に入れ、乾燥を防ぐためにラップ（または新品のシャワーキャップ）をかける。オーブンの発酵機能などを利用して、30℃の場所に50分おく。上の写真のように、ボウルの7分目くらいまでふくらんだら、一次発酵完了。

03 ｜ 冷凍

ボウルの内側に沿ってカードを一周させ、生地を取り出す。重さを量り、プチパンは6分割、大きめパンは2分割し、それぞれ丸め直す。[プチパン] ラップの片側に生地をおき、ラップを二つ折りにかぶせる。軽く押して平らにし、まわりを折って四角く整える。
[大きめパン] ラップで上下をはさみ、直径25㎝程度の円形に整える。保存袋に入れて冷凍する。

04 | 解凍

生地を必要な数だけ冷凍庫から取り出し、ラップをしたままバットにのせる。室温（またはオーブンの発酵機能を使う）に30〜50分おき、自然解凍する。ラップの上から押してみて、芯がなくなっていればOK。解凍した生地をラップから外す。※冷蔵庫、電子レンジでの解凍方法は、P.34参照。※生地がラップから外れにくい場合はカードを使う。

05 | 成形

[プチパン] ふちの生地を中心に集めて丸くまとめ、指先でつまんでとじる。とじ目を下にして手にのせ、丸め直し、下に入れ込むようにして表面を張らせる。

[大きめパン] 12×18cmの縦長に伸ばし、上下から¼ずつ折り中央で少し重ねる。さらに半分に折り、指でつまんでしっかりとじる。とじ目を下にして形を整えつつ、生地の端もつまんでとじる。※米粉をふって作業する。

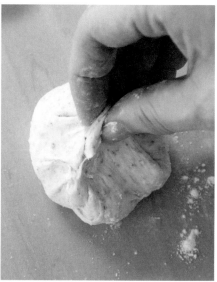

06 │ 二次発酵

[プチパン] 天板にオーブンシートを敷いて
生地をのせ、ぬれ布巾をかける。30℃の場
所に15〜20分おく。

[大きめパン] 米粉をたっぷりとふったパン
マットに生地をおき、長辺の左右にあるパン
マットをつまんで立たせ、洗濯ばさみで固定
して、布どりをする。パンマットを上からか
ぶせて、30℃の場所に35〜40分おく。

07 │ 焼成

[プチパン] 発酵が終わった生地の表面に茶
こしで米粉をふり、波刃のナイフを使って十
字にクープ（切り込み）を入れる。250℃に予
熱したオーブンに入れ10分焼く。

[大きめパン] オーブンシートを敷いた天板
に移す。茶こしで米粉をふり、波刃のナイフ
を使って斜めのクープを3カ所入れる。250
℃に予熱したオーブンに入れ18分焼く。

くるみレーズンと黒ごまさつまいも

Walnut Raisin / Black Sesame Seeds

素朴なカンパーニュ生地には、味わいがしっかりとした具材がよく合います。
ドライフルーツやナッツ、さつまいもを混ぜ込んで、ボリュームあるプチパンが完成。
ブルーチーズやカマンベールなど風味の強いチーズをのせ、アペリティフのお供にも。

材料（6個分）

準強力粉（リスドォル）	200g
全粒粉	25g
ライ麦粉	25g
水	165g
インスタントドライイースト	小さじ1/2 (1.5g)
きび砂糖	6g
塩	5g
バター（室温にもどす）	6g

フィリング1

くるみ（150℃のオーブンで15分から焼きをする） …………… 冷凍生地1個につき10g
レーズン ……… 冷凍生地1個につき10g

フィリング2

さつまいも（7mm角に切り下ゆでする）
…………… 冷凍生地1個につき30g
黒ごま
……… 冷凍生地1個につき小さじ1/2

作り方

1 **生地を作る** ➡ P.42参照

2 **一次発酵** ➡ P.43参照

3 **冷凍** ➡ P.43参照

4 **解凍** ➡ P.44参照 ※生地を必要な数だけ解凍する。

5 **成形** ➡ 生地を手で押して12×10cmに伸ばす。生地の短い辺を手前におき、好みのフィリングの2/3量をまんべんなくのせる（**A**）。上から1/3折り（**B**）、次に下から1/3折り上げて三つ折りにする。生地を軽く手で押して少し広げ、上に残りのフィリングをのせる。右から1/3折り（**C**）、次に左から1/3折る。とじ目を下にして、丸く形を整える。

6 **二次発酵** ➡ P.45「プチパン」参照

7 **焼成** ➡ 焼く直前に茶こしで米粉をふる。波刃のナイフを使ってクープを3本入れる。250℃に予熱したオーブンで14分焼く。

A

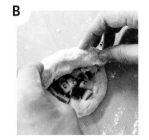
B

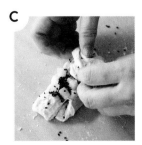
C

ベーコンエピ

Bacon Epi

麦の穂の形をした、かわいらしいパン。中にベーコンを巻き込んでいます。
ひとつずつ手でちぎって、カリッと香ばしい生地を堪能してください。

材料（3個分）

準強力粉（リスドォル）⋯⋯⋯⋯⋯⋯ 200g
全粒粉 ⋯⋯⋯⋯⋯⋯⋯⋯⋯⋯⋯⋯⋯⋯⋯ 25g
ライ麦粉 ⋯⋯⋯⋯⋯⋯⋯⋯⋯⋯⋯⋯⋯⋯ 25g
水 ⋯⋯⋯⋯⋯⋯⋯⋯⋯⋯⋯⋯⋯⋯⋯⋯⋯⋯ 165g
インスタントドライイースト
　⋯⋯⋯⋯⋯⋯⋯⋯⋯⋯⋯⋯ 小さじ1/2 (1.5g)
きび砂糖 ⋯⋯⋯⋯⋯⋯⋯⋯⋯⋯⋯⋯⋯⋯⋯ 6g
塩 ⋯⋯⋯⋯⋯⋯⋯⋯⋯⋯⋯⋯⋯⋯⋯⋯⋯⋯ 5g
食塩不使用バター（室温にもどす）⋯ 6g

ベーコン（薄切り）⋯⋯⋯ 1本につき2枚
粗びき黒こしょう ⋯⋯⋯⋯⋯⋯⋯⋯⋯ 少々

米粉 ⋯⋯⋯⋯⋯⋯⋯⋯⋯⋯⋯⋯⋯⋯⋯ 適量

作り方

1 **生地を作る** ➡ P.42参照

2 **一次発酵** ➡ P.43参照

3 **冷凍** ➡ P.43参照

4 **解凍** ➡ P.44参照 ※ベーコンエピ1本につき、生地2個を解凍。

5 **成形** ➡ 解凍した生地2個を台に取り出し、横長に少し重ねて並べる。指で押し伸ばして、9×22cmの長方形に整える。生地の手前側を2cmあけ、ベーコンをのせて黒こしょうをふる。むこう側からくるくるときつめに巻き（**A**）、巻き終わりをしっかりととじる。
バットにパンマットを敷き、打ち粉をふる。とじ目を下にして生地をおき、左右のパンマットをつまんで立たせ、布どりをする（**B**）。パンマットを上からかぶせる。

6 **二次発酵** ➡ 30℃の場所に20分おく。

7 二次発酵後の生地を、オーブンシートを敷いた天板に移す。※打ち粉をふった薄いまな板などで運ぶと、形が崩れにくい。
ハサミを少し寝かせて切り込みを入れ、刃がとじた状態のまま刃の上の生地を左右に倒していく。5〜6カ所に切り目を入れては左右に倒して、麦の穂の形にする（**C**）。

8 **焼成** ➡ 250℃に予熱したオーブンで12分焼く。

A

B
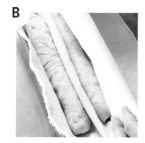

C
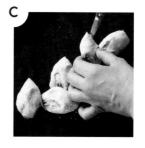

ねじり大納言

Twisted Dainagon

大納言甘納豆を包み込み、左右からねじることで生まれる不思議な形。
表面にできた自然なしわが、焼いている間に裂けて、
クープを入れたような美しい外観と食感になります。
まっすぐでもいいけれど、釣り針形にして表情をつけてみました。

材料（6個分）

準強力粉（リスドォル）	200g
全粒粉	25g
ライ麦粉	25g
水	165g
インストントドライイースト	小さじ½（1.5g）
きび砂糖	6g
塩	5g
バター（室温にもどす）	6g
大納言甘納豆	1個につき30g

作り方

1　**生地を作る** ➡ P.42参照

2　**一次発酵** ➡ P.43参照

3　**冷凍** ➡ P.43参照

4　**解凍** ➡ P.44参照 ※生地を必要な数だけ解凍する。

5　**成形** ➡ 生地を取り出して手で押し、10×12cmの横長に伸ばす。生地の手前側を2cmくらいあけて甘納豆をのせ、むこう側から巻く（**A**）。全体を転がしてなじませる。中心から左右に向かってそれぞれ逆方向にねじる（**B**）。バットにパンマットを敷き、打ち粉をふる。生地をひとつずつおき、その都度左右のパンマットをつまんで立たせ、布どりをする（P.45「大きめパン」参照）。

6　**二次発酵** ➡ P.45「プチパン」参照

7　二次発酵後の生地を、オーブンシートを敷いた天板に移す。※打ち粉をふった薄いまな板などで運ぶと、形が崩れにくい。もう一度ねじり直し、片端を曲げて、形を整える。

8　**焼成** ➡ 250℃に予熱したオーブンで12分焼く。

A

B
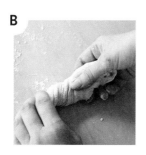

フガス

Fugas

南フランス・プロヴァンス地方の伝統的な薄焼きパンが「フガス」。
薄く伸ばした生地の間にサラミをたっぷりとはさみ、焼き上げました。
生地とサラミにギュッと切り込みを入れ、穴をあけて成形します。
このパンは、フォカッチャの生地を使っても作ることができます。

材料（3個分）

準強力粉（リスドォル）	200g
全粒粉	25g
ライ麦粉	25g
水	165g
インスタントドライイースト	小さじ1/2 (1.5g)
きび砂糖	6g
塩	5g
バター（室温にもどす）	6g

サラミ（薄切り）
.... フガス1個につき8枚
オリーブオイル
.... フガス1個につき小さじ1/2
イタリアンハーブミックス .... 少々

作り方

1 **生地を作る** ➡ P.42参照

2 **一次発酵** ➡ P.43参照

3 **冷凍** ➡ P.43参照

4 **解凍** ➡ P.44参照 ※フガス1個につき、冷凍生地2個を解凍する。

5 **成形** ➡ 生地を取り出して手で押し、16×12cmの楕円形を2枚作る。広げた生地のうち1枚をオーブンシートを敷いた天板に移す。サラミを全体に並べ、イタリアンハーブミックスをふる。もう1枚を上から重ね、押さえて密着させる（**A**）。

オリーブオイルをかけて手でなじませ、カードで3カ所に切り込みを入れる。切り目を入れたカードを天板に付けたまま動かし、切り目を広げる（**B**）。

6 **二次発酵** ➡ 30℃の場所に20分おく。

7 **焼成** ➡ 250℃に予熱したオーブンに入れ12分焼く。焼き上がったら網の上に取り出す。

A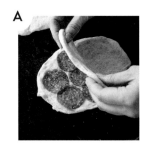

B

ベーグル生地

—

Bagel Dough

—

むぎゅっとしたかみ心地と、目の詰まった生地が魅力のベーグル。
もともとは東欧系ユダヤ人が朝食として食べていたもの。
アメリカで人気となり、日本でもすっかりおなじみになりました。
この生地はドーナツ形に成形してから冷凍するので、
解凍から焼き上がりまでが短時間で済むのが特徴。
生地を伸ばして、丸めて、輪を作って……。
手作業が多いですが、あまり複雑な工程はありません。
何度か作って、ベーグル作りを身近なものに感じてくださいね。

ベーグル

Bagels

材料（5個分）

強力粉（春よ恋）································· 250g
水 ··· 135g
インスタントドライイースト
················· 小さじ½（1.5g）
はちみつ ······································ 10g
塩 ··· 4g

はちみつ（ゆでる際に使う）··············· 大さじ3

コツとポイント

- 材料をボウルで混ぜ合わせたら、こねる前にボウルをかぶせて15分ほどおいておきます。ベーグルは水分が少なく混ぜにくいので、時間をおくことで粉と水をなじませます。こうすると、格段にこねやすくなるのです。
- 生地を分割し、ドーナツ形に成形してから冷凍します。そのため、生地を丸めてから伸ばす前に、少し時間をおいて落ち着かせる「ベンチタイム」が必要です。

---

01 | 混ぜる

大ボウルに水→インスタントドライイースト→はちみつ→強力粉→塩の順に入れ、カードを使って大きく混ぜる。※カードは丸みのある方を下にして持つ。

ある程度まとまってきたら手でひとかたまりになるようにこね、ボウルがきれいになったらまとめて台の上に出し、ボウルをかぶせて15分ほどおく。

↓

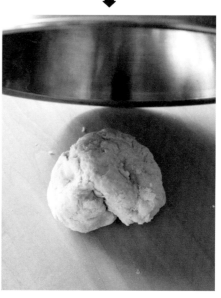

02 │ こねる

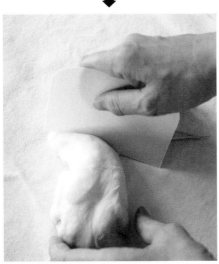

15分おいたらこね始める。手の付け根を使って生地を台にこすり付けながら引き伸ばし、手前にまとめる。数回繰り返したら、生地の向きを90度回転させて再度こね、同じ作業を繰り返す。2〜3分こねて表面がツルッとすればこね上がり。生地をきれいにまとめてから重さを量ってカードで5分割する。生地を切るときはカードで上から押し切り、カードを動かさずに生地をはがすようにする。
それぞれ丸め直し、とじ目を下にしておき、ぬれ布巾をかけ15分おく（ベンチタイム）。

03 │ 成形

1 台に生地のとじ目を上にしておき、めん棒で縦長の楕円形（15×12㎝）に伸ばす。

2 むこう側から少しずつ巻き、巻くごとに押し戻すようにしてきつく巻いていく。

3 手のひらをあてて転がし、16㎝長さに伸ばす。片側の巻きを少しはがし、もう片方の端を包み込んでリング形にする。

4 包み込んだところを手でつまんでしっかりととじる。

04 | 一次発酵

天板にオーブンシートを敷いて生地を並べ、
ぬれ布巾をかける。
オーブンの発酵機能などを利用して、30℃
の場所に30分おく。
※具材を入れたベーグルも作った場合は、マ
スキングテープに名前を書いて近くに貼り、
区別がつくようにしておくとよい。

05 | 冷凍

生地をつぶさないように、やさしくラップに
包み、保存袋に入れて冷凍する。生地がやわ
らかいので、冷凍庫内で他のものに押される
と、形が崩れてしまう。完全に凍るまで、ゆ
とりのある場所におきましょう。

06 ｜ 解凍・ケトリング

鍋に1.5ℓの湯を沸かし、はちみつを加えて
溶かす。生地の上になる方を下にして湯に入
れ、沸騰しないようにゆらゆらとした火加減
でゆでる。3分ゆでたら上下を返して2分ゆ
で、オーブンシートを敷いた天板に取り出す。
※ベーグル生地をゆでることを「ケトリング」
と呼びます。ここでは、解凍とケトリングを
同時に行います（P.11、P.95参照）。

07 ｜ 焼成

ゆで上がったら、時間をおかずにすぐに焼成
に進むことが大切です。オーブンシートを敷
いた天板に間隔をあけて並べ、200℃に予熱
したオーブンで15分焼く。ツヤのあるきつ
ね色になったら、焼き上がり。

シナモンレーズンベーグル

—

Cinnamon Raisin Bagel

—

ベーグルといえば、やっぱり朝食のイメージ。
ヘルシーなレーズンをたっぷり包み込んだこのベーグルには、
ベーコンやハム、レタスなども、意外によく合います。
もちろん、ベーグルの最愛の友、クリームチーズは忘れずに。

材料（5個分）

強力粉（春よ恋）……………………… 250g
水 ……………………………………… 135g
インスタントドライイースト
　………………………… 小さじ1/2 (1.5g)
はちみつ ……………………………… 10g
塩 ……………………………………… 4g

はちみつ（ゆでる際に使う）……… 大さじ3

レーズン ……………………………… 15g
シナモンシュガー
　（P.39参照）………………………… 適量

作り方

1　**生地を作る** ➡ P.56参照

2　**成形**　とじ目を上にしておき、めん棒で15×15cmの正方形に伸ばす。手前3cmをあけて、レーズンとシナモンシュガーを散らす（**A**）。むこう側から少しずつ巻き、巻くごとに押し戻すようにしてきつく巻き、棒状にする。

　手のひらをあてて転がし、16cm長さに伸ばす。片側の巻きを少しはがし、もう片方の端を1回転ねじり、包み込んでリング形にする。包み込んだところを手でつまんでしっかりととじる。

3　**一次発酵** ➡ P.58参照

4　**冷凍** ➡ P.58参照

5　**解凍・ケトリング** ➡ P.59参照 ※生地を必要な数だけ解凍する。

6　**焼成** ➡ 200℃に予熱したオーブンで15分焼く。

A

ソーセージチーズベーグル

Sausage Cheese Bagel

中には輪切りのソーセージ、表面にはたっぷりのチーズ。

ひと口食べれば、黒こしょうの刺激もピリリ。

こんなベーグルがあれば、朝の忙しい時間も楽しく過ごせそう。

もちろんおやつや夜食にも。冷凍庫にあるとうれしい、万能選手です。

材料（5個分）

強力粉（春よ恋）	250g
水	135g
インスタントドライイースト	小さじ½ (1.5g)
はちみつ	10g
塩	4g
はちみつ（ゆでる際に使う）	大さじ3
ソーセージ（5mm厚さの輪切り）	1個につき1本
シュレッドチーズ	1個につき10g
粗びき黒こしょう	適量

作り方

1　**生地を作る** ➡ P.56参照

2　**成形** ➡ とじ目を上にしておき、めん棒で15×15cmの正方形に伸ばす。むこう側にソーセージを1列に並べ（**A**）、黒こしょうをふる。ソーセージを包み込みながらきつく巻き、棒状にする。手のひらをあてて転がし、16cm長さに伸ばす。片側の巻きを少しはがし、もう片方の端を包み込んでリング形にする。包み込んだところを手でつまんでしっかりととじる。

3　**一次発酵** ➡ P.58参照

4　**冷凍** ➡ P.58参照

5　**解凍・ケトリング** ➡ P.59参照 ※生地を必要な数だけ解凍する。

6　**焼成** ➡ 焼く直前にベーグルの上にシュレッドチーズをのせる。200℃に予熱したオーブンに入れ、15分焼く。

A

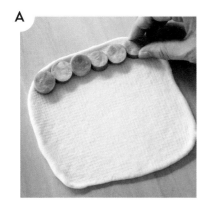

黒ごまベーグル

—

Black Sesame Bagel

表面いっぱいに、びっしり黒ごま。真っ黒な見た目もインパクトがあります。
ベーグルが焼ける間に、黒ごまも程よくローストされて風味はより一層豊かに。
プチプチとしたはじけるごまとベーグルのみっしりとした歯ごたえが
リズミカルに重なり合い、シンプルなのに忘れられないおいしさです。

材料（5個分）

強力粉（春よ恋）............................	250g
水	135g
インスタントドライイースト	
.... 小さじ½	(1.5g)
はちみつ	10g
塩	4g
はちみつ（ゆでる際に使う）........	大さじ3
黒ごま	適量

作り方

1 **生地を作る** ➡ P.56参照

2 **成形** ➡ P.57参照

3 **一次発酵** ➡ P.58参照

4 **冷凍** ➡ P.58参照

5 **解凍・ケトリング** ➡ P.59参照 ※生地を必要な数だけ解凍する。

6 ゆでたベーグルを、ぬれ布巾の上に取り出す（**A**）。すぐに黒ごまの入ったボウルに入れ（**B**）、片面にたっぷりと黒ごまをまぶす。黒ごまの付いた面を下にして天板に並べる。

7 **焼成** ➡ 200℃に予熱したオーブンで15分焼く。

A

B

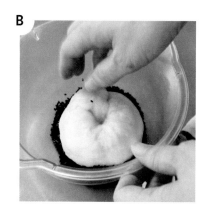

クロワッサン生地

Croissant Dough

「焼きたてを食べたい!」きっと誰もがそう願う、クロワッサン。
キッチン中がバターの香りに包まれて、幸せな気持ちに。
表面は紙のように薄くてパリパリ。中は幾重にも層が重なり、
バターの濃厚な風味を心ゆくまで楽しめます。
パン生地とバターを重ねて伸ばしてたたんで……。
生地作りは、今までのパンより難しく感じるかもしれませんが、ぜひ挑戦を。
解凍後に作りたいパンによって、生地を冷凍する形が変わるので、
うっかり生地を切ってしまわないように、注意してくださいね。

クロワッサン

Croissant

材料（5個分）

準強力粉（リスドォル） ················· 125g
水 ·· 50g
牛乳 ·· 35g
インスタントドライイースト ········ 小さじ¼
きび砂糖 ·· 6g
塩 ·· 2.5g
バター ·· 10g

折り込み用
バター ·· 60g

米粉（打ち粉用）、全卵の溶き卵（仕上げ用）
·· 各適量

折り込み用バターの準備

1　バターは60gのブロック状に一度で切り出す（多少誤差があってもよい）。

2　台にラップを広げてバターをおき、上からもラップをかぶせる。全体をめん棒でたたいて伸ばし、15×7.5cmの大きさにする。ある程度の大きさになったら、ラップを15×7.5cmにたたみ、めん棒を転がして角までバターを行き渡らせる。使うまで冷蔵庫に入れておく。

01 ｜ 混ぜる／こねる

⬇

大ボウルに水→牛乳→インスタントドライイースト→きび砂糖→準強力粉→塩の順に入れ、カードを使って大きく混ぜる。まとまってきたら手でひとかたまりになるようにこね、ボウルがきれいになったら台に取り出す。

手の付け根を使って生地を台にこすり付けながら引き伸ばし、手前にまとめる。2～3回繰り返したら生地を90度回転し、同じ作業を繰り返す。2～3分こねて生地のムラがなくなったら、少し広げておき、バターをちぎりながらのせて丸く包み込む。カードで5～6等分して積み重ね、さらに半分にしては重ねる作業を繰り返す。バターが全体に散ったら、ツルッとするまで2～3分こねる。

02 ｜ 一次発酵

生地をひとまとめにして、表面の生地を底に送るようにしながら丸め、表面を張らせる。小ボウル（容量900㎖）に入れ、ラップ（または新品のシャワーキャップ）をかける。オーブンの発酵機能などを利用して、30℃の場所に45分おく。生地が小ボウルの5分目くらいまでふくらんだら、一次発酵完了。

03 ｜ ベンチタイム

ボウルの内側に沿ってカードを一周させ、生地を取り出す。丸め直して、ぬれ布巾の間にはさみ、冷蔵庫で30分冷やす。

04 ｜ 折り込み①

1　打ち粉をふった台に生地を取り出し、角を出すようにめん棒で伸ばす。全体を整えながら生地を伸ばし、18×18㎝にする。準備しておいたバターを生地の中央に縦長におく。

2　左右の生地を中心で少し重なるようにして包み、指先でとじ目をつまんでとじる。

3　まず生地の上下左右の4辺をめん棒で押さえてなじませ、次にめん棒を少しずつ移動させては生地を上から押すようにして伸ばす。

4　生地がなめらかに伸びるようになったらめん棒を転がし、45×15㎝の縦長に伸ばす。※生地を時々裏返しながら伸ばし、適宜打ち粉をふって、下にくっつかないように注意する。

05 | 折り込み②

とじ目を上にして、上から1/3折り、端をめん棒で押さえる。下からも1/3折り上げ、上下左右の4辺と対角線上をめん棒で押さえる。生地を90度まわして輪が左右に来るようにおき直し、30×15cmに伸ばす。
同じように三つ折りにし、めん棒で押さえる。生地をラップで包み、冷蔵庫で1時間冷やす。
※この状態で冷凍してもよい。

06 | 成形

打ち粉をした台に冷えた生地を取り出し（または室温で解凍し）、輪が左右に来るようにおく。24×18cmに伸ばす。※この状態でラップではさんで冷凍してもよい。
定規を使い、長い方の1辺に8cm刻みで印をつける。もう1辺は端から4cmのところに印をつけ、そこから8cm刻みで印をつける。印を斜めに結び、三角形になるように線をつけ、線に沿って包丁で切る。※この状態でラップではさんで冷凍してもよい。

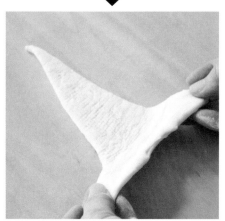

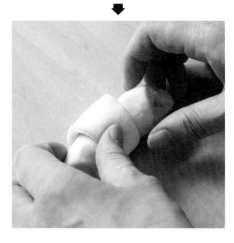

三角形の生地（室温で解凍したもの）の底辺の中心に1cmの切り込みを入れる。底辺を左右にひっぱってから巻き始める。
頂点に向かってくるくると巻く。残り1/3くらいになったら生地を少し伸ばしながら巻く。
※生地の解凍方法はP.34参照。

07 ｜ 二次発酵

オーブンシートを敷いた天板に、巻き終わりが下になるようにおく。全体に溶き卵を塗る。25℃で30分おく。※バターが溶けるので、30℃以上で発酵させないこと。

08 ｜ 焼成

220℃に予熱したオーブンで14分焼く。焼き上がったら網の上に取り出す。

パンオショコラ

Pain Au Chocolat

温かなクロワッサン生地から、チョコレートがとろけ出す……。
そんな夢のようなパンオショコラを、ぜひ家で焼きましょう。
中に入れるチョコレートは、製菓用のバトンショコラがベストですが、
板チョコを細長く切ったものでも、作ることができます。

材料（6個分）

準強力粉（リスドォル） ………………… 125g
水 ………………………………………… 50g
牛乳 ……………………………………… 35g
インスタントドライイースト
　………………………………………… 小さじ¼
きび砂糖 ………………………………… 6g
塩 ………………………………………… 2.5g
バター …………………………………… 10g

折り込み用
バター …………………………………… 60g

バトンショコラ ………… 1個につき1本
全卵の溶き卵（仕上げ用） ……………… 適量

作り方

1　生地を作る ➡ P.68参照

2　一次発酵 ➡ P.69参照

3　折り込み ➡ P.69参照

4　冷凍 ➡ P.70を参照して、三つ折りした生地を冷凍する。

5　解凍 ➡ 冷蔵庫または28℃以下の室温で解凍する。

6　成形 ➡ 生地を26×18cmに伸ばす。周囲を1cmずつ切り落とし、長い辺を3等分、短い辺を2等分し、8cm角の正方形にする。生地を手でひっぱり、長方形にする（**A**）。

　台に縦長におき、中心より少し上にバトンショコラをのせ、上の部分に溶き卵を塗る（**B**）。

　上になる生地が下側よりはみ出るようにして、生地をかぶせる（**C**）。

7　二次発酵 ➡ P.71参照

8　焼成 ➡ 220℃に予熱したオーブンで14分焼く。

A
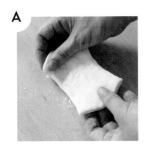

B
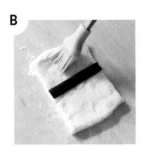

C

アンチョビクロワッサン

—

Anchovy Croissant

—

うま味と塩気が魅力のアンチョビが、まるごとクロワッサンの中に入りました。

バターの風味とアンチョビのしょっぱさがあとをひく、やみつきの味。

ワインとの相性も抜群です。

おつまみに最適な、プチサイズにしてみました。

材料（9個分）

準強力粉（リスドォル）‥‥‥‥‥‥‥ 125g
水 ‥‥‥‥‥‥‥‥‥‥‥‥‥‥‥‥‥‥ 50g
牛乳 ‥‥‥‥‥‥‥‥‥‥‥‥‥‥‥‥ 35g
インスタントドライイースト
‥‥‥‥‥‥‥‥‥‥‥‥‥‥‥‥ 小さじ¼
きび砂糖 ‥‥‥‥‥‥‥‥‥‥‥‥‥‥ 6g
塩 ‥‥‥‥‥‥‥‥‥‥‥‥‥‥‥‥‥ 2.5g
バター ‥‥‥‥‥‥‥‥‥‥‥‥‥‥‥ 10g

折り込み用
バター ‥‥‥‥‥‥‥‥‥‥‥‥‥‥‥ 60g

アンチョビ（3cm長さの細切り）
‥‥‥‥‥‥‥‥‥‥‥‥‥ 1個につき1本
パルミジャーノチーズ（すりおろし）
‥‥‥‥‥‥‥‥‥‥‥‥‥‥‥‥‥‥ 適量
全卵の溶き卵（仕上げ用）‥‥‥‥‥‥ 適量

作り方

1 **生地を作る** ➡ P.68参照

2 **一次発酵** ➡ P.69参照

3 **折り込み** ➡ P.69参照

4 **冷凍** ➡ P.70を参照して24×18cmに伸ばし、短い辺（18cm）を半分に切り、冷凍する。

5 **解凍** ➡ 冷蔵庫または28℃以下の室温で解凍する。

6 **成形** ➡ 打ち粉をした台に生地を横長におく。めん棒でひとまわり大きく（10×25cmくらい）伸ばす。

P.71を参照して、長い方の1辺に5cm刻みで印をつけ、もう1辺は端から2.5cmのところから5cm刻みで印をつける。印を斜めに結び、三角形に切る。

三角形の底辺にアンチョビをのせ（**A**）、P.71を参照して成形する。

7 **二次発酵** ➡ P.71参照

8 **焼成** ➡ 焼く直前にパルミジャーノチーズをふり、200℃に予熱したオーブンで12分焼く。焼き上がったら網の上に取り出す。

A

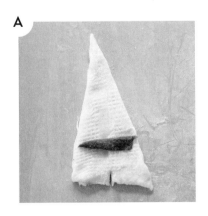

フルーツデニッシュ

Fruit Danish

クロワッサン生地があれば、デニッシュだって簡単に作れます。
旬のフレッシュフルーツやコンポートをたっぷりのせれば、
コーヒータイムのお供にぴったりなデニッシュが完成。
家族の帰宅や来客のタイミングに合わせて作り上げれば、みんな笑顔に。

材料（8個分）

準強力粉（リスドォル）	125g
水	50g
牛乳	35g
インストントドライイースト	小さじ¼
きび砂糖	6g
塩	2.5g
バター	10g

折り込み用
バター	60g

全卵の溶き卵（仕上げ用） …………… 適量

a ｜ バナナ（5mm厚さのスライス）
　　　　………… 1個につき3枚
　　　シナモンシュガー（P.39参照）
　　　　………………………… 適量

b ｜ 缶詰サワーチェリー（水気を切る）
　　　　………… 1個につき2粒
　　　アーモンドクリーム（レシピはP.78
　　　　参照）………… 1個につき小さじ2
　　　サワークリーム
　　　　………… 1個につき大さじ1

c ｜ マンゴー（2〜3cm角）
　　　　………… 1個につき3切れ
　　　アーモンドクリーム（レシピはP.78
　　　　参照）………… 1個につき小さじ2
　　　ピスタチオ（みじん切り）……… 少々

作り方

1　**生地を作る** ➡ P.68参照

2　**一次発酵** ➡ P.69参照

3　**折り込み** ➡ P.69参照

4　**冷凍** ➡ P.70を参照して、三つ折りした生地を冷凍する。

5　**解凍** ➡ 冷蔵庫または28℃以下の室温で解凍する。

6　**成形** ➡ 生地をめん棒で26×18cmに伸ばす。周囲を1cmずつ切り落とし、長い辺を3等分、短い辺を2等分し、8×8cmの正方形にする。

　　対角になった1対の角を中央で重ねるように折り、重なったところを指でしっかりと押さえて密着させる（**A**）。

7　全体に溶き卵を塗り、好みで**a**のバナナ、**b**のアーモンドクリームとサワーチェリー、**c**のアーモンドクリームをのせる。

8　**二次発酵** ➡ P.71参照

9　**焼成** ➡ 220℃に予熱したオーブンで14分焼く。

10　焼き上がり、冷めたら仕上げる。**a**にはシナモンシュガーをふる。**b**にはサワークリームをのせる。**c**にはマンゴーをのせ、ピスタチオを散らす（**B**）。

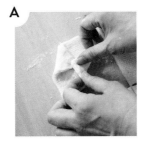
A

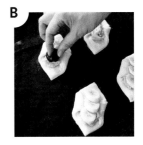
B

アーモンドクリーム

材料（作りやすい分量）

バター（室温にもどす）
.... 25g
きび砂糖 35g
全卵 25g
アーモンドパウダー 35g
薄力粉 5g

作り方

ボウルにやわらかくしたバターを入れ、材料を上から順に加えて、そのつど泡立て器でよく混ぜる。※余ったアーモンドクリームは冷凍保存できます。

クロワッサン生地の
切れ端で作る クロッカン
—

クロワッサン生地のレシピでは、
成形のプロセスで生地の端を切り落とします。
おいしいバターが詰まったこの生地を利用して、
おやつパンを作りましょう。

材料（5個分）

クロワッサン生地の切れ端 .... 適量
グラニュー糖 .... 適量

作り方

1 クロワッサン生地の切れ端を、カードを使って小さく切り分ける（**A**）。

2 タルトレットの敷き紙にのせて、上からグラニュー糖をふる（**B**）。

3 **二次発酵** ➡ P.71参照

4 **焼成** ➡ 220℃に予熱したオーブンで15分焼く。

A

B

オーブントースターでの焼成方法

冷凍パン生地は、焼き時間が短い小さなパンが中心。コツをつかめばオーブントースターで焼くこともできます。ヒントになりそうなパンの焼き時間をご紹介します。すべての生地に共通のポイントは［予熱をしない］［アルミホイルにのせて焼く］のふたつ。これは必ず守ってくださいね。記載した時間はあくまで目安です。こげそうになったらアルミホイルをかぶせるなど、工夫してみてください。

① ふんわり生地

丸パン（P.18）

900W 8〜9分 ➡ 1200Wに上げて1〜1.5分 焼き色がつくまで

あんパン（P.24）

900W 8分 ➡ 1200Wに上げて1分

ハムロール（P.32）

900W 9〜10分

② ベーグル生地

すべてのレシピに共通

900W 9〜10分

③ カンパーニュ生地

基本のカンパーニュ（P.42）

900W 8分 ➡ 1200Wに上げて2分

冷凍生地4個で作る
大きめのカンパーニュ（P.42）

900W 13分 ➡ 1200Wに上げて2分

④ クロワッサン生地

基本のクロワッサン（P.68）

900W 5分

⑤ フォカッチャ生地

基本のフォカッチャ（P.82）

900W 4分

野菜フォカッチャ（P.86）

900W 7分

フォカッチャ生地

Focaccia Dough

オリーブオイルの風味がパン全体に広がり、
さっくり、ふんわりした食感のフォカッチャ。
古代ローマ時代から伝わるイタリアの伝統的な食事パンで、
トッピングのバラエティも豊富です。
冷凍生地を2枚使えば、大きなピザを作ることもできるので、
覚えておくと食卓がさらに豊かになりそう。

フォカッチャ

Focaccia

材料（8個分）

準強力粉（リスドォル）································ 250g
水 ··· 100g
牛乳 ··· 65g
オリーブオイル ···································· 8g
インスタントドライイースト
································· 小さじ½（1.5g）
きび砂糖 ····································· 8g
塩 ·· 4g

オリーブオイル ····························· 適量

コツとポイント

● オリーブオイルを惜しまずたっぷりと使うことが成功の秘訣。冷凍前、二次発酵の前、焼く直前と何度もオイルをかけますが、どれも必要な工程です。油分が足りないと、パンがかたく、パサパサとした仕上がりになってしまいます。

● 使用するオイルは、一般的なピュアオリーブオイル、エクストラヴァージンオリーブオイルがおすすめです。加熱してしまうため、あまり高価なものは向きません。

01 ｜ 混ぜる／こねる

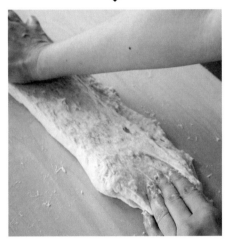

大ボウルに水→牛乳→オリーブオイル→インスタントドライイースト→きび砂糖→準強力粉→塩の順に入れ、カードを使って大きく混ぜる。※カードは丸みのある方を下にして持つ。ある程度まとまってきたら手でひとかたまりになるようにこね、ボウルがきれいになったら台に取り出す。このとき、カードで手に付いた生地をこそげ落としておくと、あとの作業がしやすい。手の付け根を使って生地を台にこすり付けながら引き伸ばし、手前にまとめる。2〜3回繰り返し、生地を90度回転して同じ作業を繰り返す。3〜5分こねて表面がツルッとすれば、こね上がり。

02 ｜ 一次発酵

生地をひとまとめにして、表面の生地を底に送るようにしながら丸め、表面を張らせる。小ボウル（容量900㎖）に入れ、ラップ（または新品のシャワーキャップ）をかける。
オーブンの発酵機能などを利用して、30℃の場所に1時間おく。生地が小ボウルの8分目くらいまでふくらんだら、一次発酵完了。

03 ｜ 冷凍

ボウルの内側に沿ってカードを一周させ、生地を傷つけないように取り出す。重さを量って8で割り、カードで8分割して重さを等分にする。生地を切るときは、カードで上から押し切り、カードを動かさずに生地をはがすようにする。ラップを30×18㎝に切る。片側に生地をおき、1個につきオリーブオイル小さじ1/2を生地両面にまぶす。ラップを二つ折りにかぶせる。軽く押して平らにし、まわりを折って四角く整え、保存袋に入れて冷凍する。

04 | 解凍

生地を必要な数だけ冷凍庫から取り出し、ラップをしたままバットにのせる。室温（またはオーブンの発酵機能）に30〜50分おき、解凍する。ラップの上から押してみて、芯がなくなっていればOK。※冷蔵庫、電子レンジでの解凍方法は、P.34参照。

05 | 成形

解凍した生地をラップから外し、オーブンシートを敷いた天板におく。※生地がラップから外れにくい場合はカードを使う。
オリーブオイルを生地1個につき小さじ½かけ、全体を指で押して、ひとまわり大きな楕円形に形を整える。

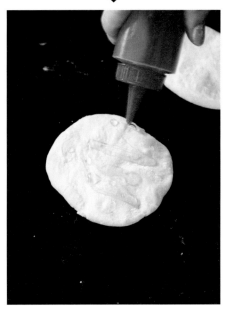

06 ｜ 二次発酵

生地にぬれ布巾をかける。オーブンの発酵機能などを利用して、30℃の場所に20分おく。二次発酵が終了したら、指で穴を4カ所あけ、オリーブオイルを1枚につき小さじ½ずつかける。※穴をあけることで、オイルが流れ出るのを防ぎます。

07 ｜ 焼成

230℃に予熱したオーブンに入れ、12分焼く。途中でこげそうになったら、190℃に温度を下げる。焼き上がったら網の上に取り出す。※パンとオリーブオイルがたいへん高温になっています。出し入れの際は、やけどに注意してください。

野菜のフォカッチャ

Vegetable Focaccia

週末のランチタイムにワインやビールと一緒に楽しみたい、イタリアンなパン。
たくさん作って、持ち寄りのパーティやピクニックに持っていくのもよさそうです。
旬の野菜でオリーブオイルと相性のよいものなら、なんでも具材にできます。

材料（8個分）

準強力粉（リスドォル） ⋯⋯⋯⋯⋯⋯⋯ 250g
水 ⋯⋯⋯⋯⋯⋯⋯⋯⋯⋯⋯⋯⋯⋯⋯⋯ 100g
牛乳 ⋯⋯⋯⋯⋯⋯⋯⋯⋯⋯⋯⋯⋯⋯⋯ 65g
オリーブオイル ⋯⋯⋯⋯⋯⋯⋯⋯⋯⋯ 8g
インスタントドライイースト
⋯⋯⋯⋯⋯⋯⋯⋯⋯⋯ 小さじ 1/2（1.5g）
きび砂糖 ⋯⋯⋯⋯⋯⋯⋯⋯⋯⋯⋯⋯⋯ 8g
塩 ⋯⋯⋯⋯⋯⋯⋯⋯⋯⋯⋯⋯⋯⋯⋯⋯ 4g

オリーブオイル ⋯⋯⋯⋯⋯⋯⋯⋯⋯ 適量

a ｜ れんこん（7mm厚さの輪切り）
　　　⋯⋯⋯⋯⋯⋯ 1個につき大1枚
　　オリーブオイル
　　　⋯⋯⋯⋯⋯ 1個につき小さじ 1/2
　　粗塩 ⋯⋯⋯⋯⋯⋯⋯⋯⋯⋯⋯ 少々

b ｜ ズッキーニ（5mm厚さの輪切り）
　　　⋯⋯⋯⋯⋯⋯⋯ 1個につき6枚
　　ミニトマト（6等分のくし切り）
　　　赤、黄 ⋯⋯⋯ 1個につき各 1/2個
　　オリーブオイル
　　　⋯⋯⋯⋯⋯ 1個につき小さじ 1/2
　　オレガノ（ドライ）、粗塩 ⋯ 各少々

作り方

1　**生地を作る** ➡ P.82参照

2　**一次発酵** ➡ P.83参照

3　**冷凍** ➡ P.83参照

4　**解凍** ➡ P.84参照　※生地を必要な数だけ解凍する。

5　**成形** ➡ **a**は生地を直径10cmに伸ばし、オーブンシートを敷いた天板におく。れんこんをのせ、穴から生地が出るまでギュッと押し付ける。オリーブオイルをかけて手でなじませ、粗塩をふる。

　　bは生地を12×9cmに伸ばし、オーブンシートを敷いた天板におく。野菜を彩りよく並べ、オリーブオイルをかけてオレガノと粗塩をふる。(**A**)

6　**二次発酵** ➡ 30℃の場所に10分おく。※オーブンの発酵機能などを使うとよい。

7　**焼成** ➡ 210℃に予熱したオーブンに入れ12分焼く。焼き上がったら網の上に取り出す。

A

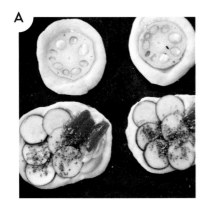

りんごのフォカッチャ

Apple's Focaccia

甘いフォカッチャ「フォカッチャ・ドルチェ」はイタリアでも大人気。
生のりんごがあれば、すぐに作れてしまう手軽さもうれしいです。
シナモンシュガーをふればおやつ風になりますが、
焼き上がりにチーズをのせて、大人のおつまみにするのもおすすめです。

材料（8個分）

準強力粉（リスドォル）····················· 250g
水 ·· 100g
牛乳 ·· 65g
オリーブオイル ································· 8g
インスタントドライイースト
 ···························· 小さじ1/2 (1.5g)
きび砂糖 ·· 8g
塩 ··· 4g

オリーブオイル ······························· 適量

りんご（薄切り）
 ···················· 1個につきりんご1/8個分
バター ···························· 1個につき5g
シナモンシュガー（P.39参照）········· 適量

作り方

1 **生地を作る** ➡ P.82参照

2 **一次発酵** ➡ P.83参照

3 **冷凍** ➡ P.83参照

4 **解凍** ➡ P.84参照 ※生地を必要な数だけ解凍する。

5 **成形** ➡ 生地を手で押さえて12×9cmくらいに伸ばし、オーブンシートを敷いた天板におく。薄切りにしたりんごを少しずつずらして並べる。バターをちぎってのせ、シナモンシュガーをふる。**(A)**

6 **二次発酵** ➡ 30℃の場所に10分おく。※オーブンの発酵機能などを使うとよい。

7 **焼成** ➡ 210℃に予熱したオーブンに入れ12分焼く。焼き上がったら網の上に取り出す。

A

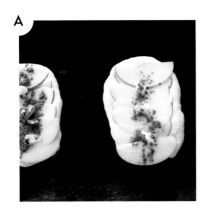

フライパンピザ

——

Pizza

フォカッチャの冷凍生地を4個つなげれば、ピザの大きさになります。
ピーマン、ベーコン、チーズなど王道の具をのせましたが、
トッピングはもちろん好きなものでOK。
フライパン一枚ですぐに焼けるので、思い立ったらすぐにピザ、をぜひ。

材料（2枚分）

準強力粉（リスドォル）	250g
水	100g
牛乳	65g
オリーブオイル	8g
インスタントドライイースト	小さじ1/2（1.5g）
きび砂糖	8g
塩	4g

オリーブオイル ……………… 適量

トマトソース（下記参照）
…………………… 1枚につき大さじ3
ベーコン（1cm幅に切る）
…………………………… 1枚につき1枚
ピーマン（薄切り）…… 1枚につき1/2個
シュレッドチーズ …… 1枚につき50g

トマトソース（作りやすい分量）
トマト水煮缶（ダイスカット）
………………………………… 150g
塩、オリーブオイル ………… 各適量

作り方 材料すべてをよく混ぜ合わせる。※オーブンで焼くので、ソースは加熱しなくてもよい。

作り方

1 **生地を作る** ➡ P.82参照

2 **一次発酵** ➡ P.83参照

3 **冷凍** ➡ P.83参照 ※生地を2分割し、直径24cmの円形に伸ばしてから冷凍してもよい。

4 **解凍** ➡ P.84参照 ※ピザ1枚につき生地4個を解凍する。

5 **成形** ➡ 生地を直径24cmのフライパンの底一面に伸ばして広げ（**A**）、トマトソースを全体に塗る。ベーコンとピーマンを全体に散らす（**B**）。

6 **二次発酵** ➡ 室温に10分おく。

7 **焼成** ➡ 弱火にかけ、ふたをして10分焼く。シュレッドチーズをのせ、再びふたをして2分焼く。そのあとふたを取って3分焼く。

A

B
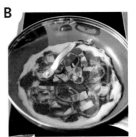

マルゲリータのミニピザ

Mini Pizza

トマト、モッツァレラチーズ、バジルの黄金トリオ。

チーズがとろけて流れそうな、アツアツのうちに召し上がれ。

フレッシュな色と香りを大切にしたいので、

バジルのトッピングは食べる直前に。

材料（8個分）

準強力粉（リスドォル）………………… 250g
水 …………………………………………… 100g
牛乳 …………………………………………… 65g
オリーブオイル ……………………………… 8g
インスタントドライイースト
　………………………… 小さじ1/2（1.5g）
きび砂糖 …………………………………… 8g
塩 …………………………………………… 4g

オリーブオイル ……………………………… 適量

トマトソース（P.91参照）
　…………………………… 1個につき小さじ2
モッツァレラチーズ
　………………………………… 1個につき10g
バジル ………………………… 1個につき1枚

作り方

1 **生地を作る** ➡ P.82参照

2 **一次発酵** ➡ P.83参照

3 **冷凍** ➡ P.83参照

4 **解凍** ➡ P.84参照　※生地を必要な数だけ解凍する。

5 **成形** ➡ 生地を12×9cmに伸ばし、オーブンシートを敷いた天板におく。オリーブオイル小さじ1/2をかける。

6 **二次発酵** ➡ 30℃の場所に10分おく。※オーブンの発酵機能などを使うとよい。

7 **焼成** ➡ 表面にトマトソースを塗る（**A**）。230℃に予熱したオーブンで8分焼く。一度オーブンから取り出し、モッツァレラチーズをのせ、オリーブオイルを小さじ1/2かけて、さらに2分焼く。焼き上がりにバジルをのせる。

A

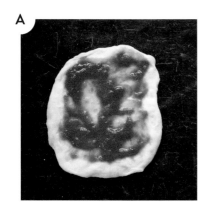

冷凍パンの
Q&A

冷凍生地からパンを作るときに、
疑問に思うところ、
よく質問されることを
まとめました。

Q1

冷凍生地から、
大きめのパンを
作ることはできますか?

A1

パン生地自体は、通常のものと大きく変わり
はないので、解凍後に合わせて成形すれば大
きなパンを焼くことも可能です。フォカッチ
ャ生地は冷凍生地4個(P.91)、カンパーニュ
は冷凍生地3個で作るレシピ(P.42)もご紹
介しています。ですが、生地が大きくなるほ
ど二次発酵と焼成の時間が増えます。手早く
焼き上がることが冷凍生地の大きなメリット
だと思っているので、やはり、小さめのパン
がおすすめです。

Q2

パンに使用する小麦粉は、
レシピに掲載されている
もの以外も使えますか?

A2

「春よ恋」は強力粉、「リスドォル」は準強力
粉です。タンパク質含有量がそれぞれに近い
小麦粉を選べば作ることができます。代用す
る粉でおすすめなのは、「春よ恋」には北海
道産の「ゆめちから」、「リスドォル」には北
海道産の「タイプER」です。日本産・外国
産ともに、多様な品種とブレンドの小麦粉が
手に入るようになってきました。気になる方
は少量ずつ試してみて、お気に入りの粉を見
つけてください。

Q3

打ち粉や手粉、
仕上げ用の粉は、
米粉以外のものも
使えますか?

A3

すべて、小麦粉で代用できます。打ち粉と手
粉に米粉を使うと、作業台やパンマットの手
入れが簡単になります(米粉はグルテンを含有し
ないので、くっつきにくいのです)。焼く前の仕上
げに米粉を使用しているのは、焼成後も粉に
色がつかず、白い仕上がりになるからです。
米粉を持っていない場合は、小麦粉でOK。
カンパーニュには、ライ麦粉をふってもいい
です。

Q4

ベーグルを焼く前に
ケトリングする^(ゆでる)のはなぜ？

A4

ゆでることで表面が固められ、オーブンに入れたあとも伸びにくくなります。そのため、表面はパリッと、中身はギュッと詰まった仕上がりに。ちなみに、ケトリング時にはちみつを加える理由は、焼き色をよくするためです。表面に糖分の膜が張られ、焼成の際にカラメル化して美しいきつね色になります。

Q5

クロワッサン生地を
何度もたたみ、伸ばすのは
どうしてですか？

A5

クロワッサン生地は、パン生地の層とバターの層を折り重ねて作ります。熱いオーブンに入れたときに、バターが溶けて蒸発し湯気を出します。その湯気が生地を押し上げ、空気を含んだ層が生まれるのです。バターがはみ出ないように均一に伸ばし、折り込むことで、サクサクとしたクロワッサンが生まれます。

Q6

冷凍パン生地を
焼いたあとの
日持ちを教えてください

A6

カレーパン、おやき、ピザ、ソーセージなどの具材入りパンは、必ず半日以内に食べきってください。丸パンやプチカンパーニュなどの具なしパンは、常温で2日程度は持ちますが、味は落ちます。焼きたてアツアツを食べられることが冷凍生地の醍醐味なので、焼き上がりの再冷凍は避けましょう。

Q7

成形などの作業中も
生地は発酵していますか？

A7

イーストは5℃以下で活動を停止、60℃以上で死滅します。それ以外の温度帯では常に発酵を続けているため、成形や仕上げをのんびりとやっていると発酵が進みすぎて、ベストの状態で焼けない場合があります。パン作りに慣れるまでは、成形や焼成前のひと手間にかかる時間を考慮して作業をしましょう。

高橋雅子
Masako Takahashi

東京・代々木上原にあるパンとワインの教室「わいんのある12ヶ月」主宰。神奈川県生まれ。ル・コルドン・ブルーなどでパン作りを学び、独立。何度も試作を重ねて家庭のキッチンで実践しやすいパンのレシピを考案し、手作りの楽しさを伝えている。
http://wine12.com/

撮影	広瀬貴子
スタイリング	千國奈々子
装幀	細山田光宣 山本夏美（細山田デザイン事務所）
DTP	横村 葵
校正	五十嵐柳子
調理アシスタント	北澤幸子　井之上浩子　丹下慶子 正伯和美　松島ゆうこ　矢口裕子 岡本有里　中野普子
協力	佐々木素子
編集	河合知子　八幡眞梨子

撮影協力　TOMIZ（富澤商店）
tel.042-776-6488　http://www.tomiz.com/

冷凍生地で焼きたてパン
2020年1月30日　初版第1刷発行

著者	高橋雅子
発行者	久保田榮一
発行所	株式会社 扶桑社 〒105-8070　東京都港区芝浦1-1-1 浜松町ビルディング 電話 03-6368-8808（編集）03-6368-8891（郵便室） www.fusosha.co.jp
印刷・製本	大日本印刷株式会社

©FUSOSHA　Printed in Japan　2020
ISBN978-4-594-08395-3